Verstehst du? 3

*Dialogtraining
für erwachsene Leseanfänger*

*Überarbeitete Auflage 2018
Alle Texte und fast alle Aufgaben sind gleich geblieben.*

Gisela Darrah

Zeichnungen: Daniel Neika

Herstellung und Verlag:
BoD - Books on Demand, Norderstedt
ISBN 978-3-7322-4998-5

Inhaltsverzeichnis

1. Das Wetter	Seite 5

2. Fragen zur Person	7

3. Fragen nach dem Befinden	11

4. Haben Sie ein Hobby?	13

5. Länder und Kontinente	15

6. Unterbegriffe und Oberbegriffe	18

7. Einkaufen	21

8. Meine Wohnung	26

9. Tagesablauf	28

10. Was sind Sie von Beruf?	31

11. Ein Termin beim Arzt	34

12. Monate, Jahreszeiten	37

13. Zahlen bis 50	40

14. Große Zahlen	43

15. Verkehrsmittel	45

16. Fragewörter	47	Anmerkungen für Lehrende	50

Das Wetter

1. Wie ist das Wetter?

2. Es ist schön. Die Sonne scheint.

1. Wie ist das Wetter?

2. Nicht so gut. Es regnet.

1. Wie ist das Wetter?

2. Es ist kalt. Es schneit.

1. Wie ist das Wetter?

2. Es ist warm. Es sind 30 Grad.

1. Wie ist das Wetter?

2. Es ist windig.

1. Wie ist das Wetter?

2. Es ist bewölkt. Vielleicht regnet es bald.

Ist das richtig oder falsch? Markieren Sie:

1. Die Sonne schneit. r/f

2. Im Winter ist es kalt. r/f

3. Ein Grad über Null ist warm. r/f

4. Es ist bewölkt. Vielleicht regnet es. r/f

5. Das Wetter ist schön. Die Sonne scheint. r/f

6. Im Sommer ist es kalt. r/f

7. Das Wetter ist immer schön. r/f

8. 30 Grad ist warm. r/f

9. Null Grad ist kalt. r/f

10. Regen ist nass. r/f

11. Schnee ist kalt. r/f

12. Der Wind kann warm oder kalt sein. r/f

13. Wolken sind weiß. r/f

14. Die Wolken sind am Himmel. r/f

15. Die Sonne ist am Himmel. r/f

Fragen zur Person

Sprechen *Schreiben*

Frage: Wie heißen Sie?	*Formular: Name*
Antwort: Ich heiße Monika Wagner.	*Formular: Monika Wagner*
Frage: Wie ist Ihr Vorname?	*Formular: Vorname*
Antwort: Mein Vorname ist Monika.	*Formular: Monika*
Frage: Wie ist Ihr Familienname? *Wie ist Ihr Nachname?*	*Formular: Familienname/* *Nachname/ Zuname*
Antwort: Mein Familienname ist Wagner.	*Formular: Wagner*
Frage: Sind Sie verheiratet?	*Formular: Familienstand*
Antwort: Ja, ich bin verheiratet.	*Formular: verheiratet / ledig /* *geschieden / verwitwet*
Frage: Haben Sie Kinder?	*Formular: Kinder*
Antwort: Ja, ich habe zwei Kinder. *Nein, ich habe keine Kinder.*	*Formular: 2* *keine*

Schreiben Sie die Antwort für Sie persönlich:

1. Wie heißen Sie?

....

2. Wie ist Ihr Vorname?

....

3. Wie ist Ihr Familienname?

....

4. Sind Sie verheiratet?

....

5. Haben Sie Kinder?

....

6. Wie alt sind Ihre Kinder?

....

7. Wie heißen Ihre Kinder?

....

8. Wo wohnen Sie?

....

9. Woher kommen Sie?

....

Ist das richtig oder falsch? Markieren Sie:

1. Maier ist ein Vorname. r/f

2. Maria ist ein Vorname. r/f

3. Ehemann und Ehefrau sind verheiratet. r/f

4. Bruder und Schwester sind verheiratet. r/f

5. Fatma ist ein Familienname. r/f

6. Ich sage zu meiner Mutter "Sie". r/f

7. Auf dem Amt sage ich "Sie". r/f

8. In der Familie sagen wir "du". r/f

9. Zu allen Personen sagen wir "du". r/f

10. Meine Unterschrift ist mein Name. r/f

11. Kinder sind alt. r/f

12. Zu Kindern sage ich "du". r/f

13. Müller ist ein Familienname. r/f

14. Manche Personen haben 2 oder 3 Vornamen. r/f

15. Die Eltern geben dem Kind den Namen. r/f

Fragen nach dem Befinden

1. Hallo, Gabi. Wie geht´s?   2. Danke, gut. Und dir?

1. Danke, nicht so gut.   2. Was ist los? Bist du krank?

1. Ja, ich habe Kopfschmerzen.   2. Das tut mir leid. Gute Besserung.

---

1. Wie geht es Ihnen?   2. Danke, gut. Und Ihnen?

1. Es geht. Ich bin so müde.   2. Warum denn?

1. Ich war gestern Abend tanzen.   2. Ach, so!

---

1. Wie geht es dir, Peter?   2. Danke, gut. Und dir?

1. Super! Und dir?   2. Noch besser!

1. Wirklich?   2. Ja! Ich habe im Lotto gewonnen!

1. Wie viel?   2. Eine Million!

1. Herzlichen Glückwunsch!

Ist das richtig oder falsch? Markieren Sie:

1. Jemand ist krank. Ich sage: Gute Besserung.   r/f

2. Personen auf dem Amt frage ich:
   Wie geht es Ihnen?   r/f

3. Meine Mutter frage ich: Wie geht es Ihnen?   r/f

4. Meine Schwester frage ich: Wie geht es dir?   r/f

5. Eine Person hat im Lotto gewonnen.
   Ich sage: Herzlichen Glückwunsch!   r/f

6. Eine Person hat Geburtstag.
   Ich sage: Herzlichen Glückwunsch!   r/f

7. Eine Person hat einen Unfall.
   Ich sage: Herzlichen Glückwunsch!   r/f

8. Eine Person heiratet.
   Ich sage: Gute Besserung.   r/f

9. Eine Person heiratet.
   Ich sage: Herzlichen Glückwunsch!   r/f

10. Meine Lehrerin heißt Frau Maier.
    Ich frage: Wie geht es dir?   r/f

Haben Sie ein Hobby?

1. Haben Sie ein Hobby?

2. Mein Hobby ist kochen. Ich koche gern Suppe.

1. Haben Sie ein Hobby?

2. Mein Hobby ist Fußball spielen. Ich spiele im Verein.

1. Haben Sie ein Hobby?

2. Mein Hobby ist tanzen. Ich gehe in die Disco.

1. Haben Sie ein Hobby?

2. Mein Hobby ist fernsehen. Ich schaue mir Serien an.

1. Haben Sie ein Hobby?

2. Mein Hobby ist schwimmen. Ich gehe ins Schwimmbad.

1. Haben Sie ein Hobby?

2. Mein Hobby ist lesen. Ich lese gern Zeitungen und Bücher.

Ist das richtig oder falsch? Wie ist Ihre Meinung? Markieren Sie:

1. *Putzen und bügeln sind Hobbys.* r/f

2. *Sport ist ein Hobby.* r/f

3. *Viele Mädchen spielen Fußball.* r/f

4. *Viele Männer kochen gern.* r/f

5. *Alle Personen können schwimmen.* r/f

6. *Lesen ist ein Hobby.* r/f

7. *Wir haben ein Hobby in der Freizeit.* r/f

8. *Musik hören ist ein Hobby.* r/f

9. *Viele Personen haben ein Hobby zusammen.* r/f

10. *Ein Hobby im Verein ist sehr teuer.* r/f

11. *Ein Hobby im Verein kostet nur wenig.* r/f

12. *Auch Kinder haben Hobbys.* r/f

13. *Schwimmen ist gesund.* r/f

14. *Manchmal ist die Arbeit auch das Hobby.*
    Zum Beispiel kochen, im Garten arbeiten …. r/f

Länder und Kontinente

1. Woher kommen Sie?   2. Ich komme aus Kenia.

1. Wo liegt das?   2. Das liegt in Afrika.

1. Woher kommen Sie?   2. Ich komme aus Italien.

1. Wo liegt das?   2. Das liegt in Europa.

1. Woher kommen Sie?   2. Ich komme aus Japan.

1. Wo liegt das?   2. Das liegt in Asien.

1. Woher kommen Sie?   2. Ich komme aus der Türkei.

1. Wo liegt das?   2. Das liegt in Asien. Und ein bisschen in Europa.

1. Woher kommen Sie?   2. Ich komme aus dem Iran.

Wo liegt das?   Das liegt in Asien.

1. Woher kommen Sie?   2. Ich komme aus Österreich.
....
1. Wo liegt das?   2. Das liegt in Europa.
....

1. Woher kommen Sie?   2. Ich komme aus Kanada.
....
1. Wo liegt das?   2. Das liegt in Amerika.
....

1. Woher kommen Sie?   2. Ich komme aus Brasilien.
....
1. Wo liegt das?   2. Das liegt in Südamerika.
....

1. Woher kommen Sie?   2. Ich komme aus Bulgarien.
....
1. Wo liegt das?   2. Das liegt in Europa.
....

1. Woher kommen Sie?   2. Ich komme aus Spanien.
....
1. Wo liegt das?   2. Das liegt in Europa.
....

1. Woher kommen Sie?   2. Ich komme aus Nigeria.
....
1. Wo liegt das?   2. Das liegt in Afrika.
....

Ist das richtig oder falsch? Markieren Sie:

1. Die Türkei liegt in Amerika.   r/f

2. Holland liegt in Europa.   r/f

3. Deutschland liegt in Afrika.   r/f

4. Kenia liegt in Afrika.   r/f

5. Italien liegt in Europa.   r/f

6. Kanada liegt in Asien.   r/f

7. Bulgarien liegt in Europa.   r/f

8. Österreich liegt in Asien.   r/f

9. Der Iran liegt in Asien.   r/f

10. Brasilien liegt in Südamerika.   r/f

11. Indonesien liegt in Asien.   r/f

12. Japan liegt in Afrika.   r/f

13. Spanien liegt in Europa.   r/f

14. Nigeria liegt in Afrika.   r/f

15. Frankreich liegt in Europa.   r/f

16. China liegt in Europa.   r/f

Unterbegriffe und Oberbegriffe

Was ist Cola?	Ein Getränk.
Was ist das Sofa?	Ein Möbelstück.
Was ist die Rose?	Eine Blume.
Was ist der Elefant?	Ein Tier.
Was ist Gelb?	Eine Farbe.
Was ist Blau?	Eine Farbe.
Was ist Wasser?	Ein Getränk.
Was ist Malen?	Ein Hobby.
Was ist Apfelsaft?	Ein Getränk.
Was ist das Bett?	Ein Möbelstück.

Ist das richtig oder falsch? Markieren Sie:

1. Luxemburg ist eine Farbe.   r/f

2. Ein Auto ist ein Fahrzeug.   r/f

3. Rot ist eine Farbe.   r/f

4. Das Bett ist ein Getränk.   r/f

5. Cola ist ein Getränk.   r/f

6. Der Elefant ist ein Land.   r/f

7. Blau ist eine Farbe.   r/f

8. Die Rose ist ein Möbelstück.   r/f

9. Malen ist ein Hobby.   r/f

10. Apfelsaft ist ein Hobby.   r/f

11. Gelb ist eine Farbe.   r/f

12. Wasser ist ein Getränk.   r/f

13. Das Sofa ist ein Fahrzeug.   r/f

14. Das Auto ist ein Fahrzeug   r/f

15. Apfelsaft ist ein Getränk.   r/f

Schreiben Sie:

1. Cola ist ein Getränk.

2. Das Sofa ist ....

3. Die Rose ist ....

4. Der Elefant ist...

5. Gelb ist ....

6. Blau ist ....

7. Wasser ist ....

8. Malen ist ....

9. Apfelsaft ist ....

10. Ein Bett ist ....

11. Ein Auto ist ....

12. Luxemburg ist ....

13. Grün ist ....

14. Die Katze ist ....

15. Italien ist ....

Einkaufen

1. Ich möchte gern ein Kilo Tomaten. Was kostet das Kilo?

2. Ein Kilo Tomaten kostet 1,99 €.

1. Gut, ein Kilo, bitte. Ich brauche Gurken. Was kostet eine Gurke?

2. Eine Gurke kostet 59 Cent.

1. Zwei Stück, bitte. Dann möchte ich Bananen. Haben Sie Bio-Bananen?

2. Ja, die Bio-Bananen kosten 1, 79 € das Kilo.

1. Ein Kilo, bitte. Das ist alles.

2. Hier bitte. Das macht dann 4,96 €.

1. Auf Wiedersehen. Schönen Tag noch.

2. Ihnen auch. Auf Wiedersehen.

Schreiben Sie den Dialog und berechnen Sie den Preis:

1. Guten Tag. Ich möchte ein Kilo ....

2. Ja, bitte. Das macht ....

1. Ich brauche noch ....

   Was kostet eine ....?

2. Eine .... kostet ....

1. Ich möchte zwei Stück.

2. Hier bitte. Noch etwas?

1. Ja. 2 Kilo ...., bitte.

2. Gern. Das macht ....

   Ist das alles?

1. Ja, das ist alles.

2. Das macht zusammen ....

1. Hier bitte.

2. Danke. Auf Wiedersehen.

   1. Auf Wiedersehen.

Was darf es sein?

1. Was darf es sein?

2. Ich hätte gern einen Bund Petersilie.

1. Kann ich Ihnen helfen?

2. Ich hätte gern eine Dose Erbsen.

1. Was möchten Sie?

2. Ich möchte eine Flasche Mineralwasser.

1. Was darf es sein?

2. Ich hätte gern eine Schale Erdbeeren.

1. Was möchten Sie?

2. Ich brauche einen Kopf Salat.

1. Was darf es sein?

2. Ich hätte gern ein Kilo Tomaten.

1. Kann ich Ihnen helfen?
....

2. Ich möchte ein Netz Kartoffeln.
....

1. Was möchten Sie?
....

2. Ich hätte gern eine Knolle Knoblauch.
....

1. Was darf es sein?
....

2. Ich hätte gern eine Packung Reis.
....

1. Was möchten Sie?
....

2. Ich möchte eine Gurke.
....

1. Kann ich Ihnen helfen?
....

2. Ich hätte gern eine Wassermelone.
....

1. Was darf es sein?
....

2. Ich möchte ein Netz Zitronen.
....

Was passt zusammen? Ergänzen Sie die Tabelle:

1. Petersilie   2. Erbsen   3. Mineralwasser   4. Erdbeeren   5. Salat

6. Tomaten   7. Kartoffeln   8. Knoblauch   9. Reis

a. eine Schale   b. ein Kilo   c. ein Netz   d. eine Knolle   e. eine Dose

f. einen Kopf   g. eine Flasche   h. eine Packung   i. einen Bund

1	2	3	4	5	6	7	8	9

Schreiben Sie Sätze wie im Beispiel:

Ich hätte gern ein Kilo Tomaten.

....

....

....

....

....

....

....

Ist das richtig oder falsch? Markieren Sie:

1. Ich hätte gern ein Kilo Bananen.   r/f

2. Ich möchte gern einen Kopf Mineralwasser.   r/f

3. Ich brauche eine Flasche Kartoffeln.   r/f

4. Ich möchte gern eine Dose Erbsen.   r/f

5. Ich hätte gern ein Netz Reis.   r/f

6. Ich brauche eine Flasche Mineralwasser.   r/f

7. Ich hätte gern eine Schale Erdbeeren.   r/f

8. Ich möchte gern eine Packung Salat.   r/f

9. Ich möchte gern eine Knolle Knoblauch.   r/f

10. Ich hätte gern ein Kilo Kartoffeln.   r/f

11. Ich brauche einen Bund Petersilie.   r/f

12. Ich möchte eine Flasche Reis.   r/f

13. Ich hätte gern ein Netz Mineralwasser.   r/f

14. Ich brauche ein Kilo Tomaten.   r/f

15. Ich möchte eine Packung Reis.   r/f

Meine Wohnung

....

1. Wie groß ist deine Wohnung?

....

2. Meine Wohnung hat 85 Quadratmeter.

....

1. Wo ist die Küche?

....

2. Hier ist die Küche. Da koche ich.

....

1. Und wo kann man essen?

....

2. Wir essen im Wohnzimmer.

....

1. Wo kann man fernsehen?

....

2. Auch im Wohnzimmer. Da ist der Fernseher.

....

1. Wo schlafen die Kinder?

....

2. Wir haben zwei Kinderzimmer. Jedes Kind hat ein Zimmer.

....

1. Hast du auch ein Schlafzimmer?

....

2. Ja, klar. Da schlafen mein Mann und ich.

....

Schreiben Sie über Ihre Wohnung:

Meine Wohnung hat .... Quadratmeter.

Sie hat .... Zimmer.

Die Eltern schlafen im ....

Die Kinder schlafen im ....

Wir duschen im ....

Der Fernseher steht im ....

Wir kochen in der ....

Und wir grillen im Garten.

Ist das richtig oder falsch? Markieren Sie:

1. Wir schlafen im Garten.   *r/f*

2. Wir kochen in der Küche.   *r/f*

3. Die Kinder spielen im Kinderzimmer.   *r/f*

4. Wir duschen im Wohnzimmer.   *r/f*

5. Wir kochen im Bad.   *r/f*

6. Im Wohnzimmer kann man fernsehen.   *r/f*

Tagesablauf

....

1. Was machen Sie um 7 Uhr?

....

2. Um 7 Uhr stehe ich auf. Ich gehe ins Bad und dusche.

....

1. Was machen Sie um 8 Uhr?

....

2. Um 8 Uhr bin ich im Deutschkurs. Ich unterschreibe die Liste.

....

1. Was machen Sie um 9 Uhr?

....

2. Um 9 Uhr lerne ich Wörter und schreibe Sätze.

....

1. Was machen Sie um 10 Uhr?

....

2. Um 10 Uhr mache ich Pause. Ich esse ein Brötchen und trinke Wasser.

....

1. Was machen Sie um 11 Uhr?

....

2. Um 11 Uhr spreche ich Dialoge.

1. Was machen Sie um 12 Uhr?

2. Um 12 Uhr ist die Schule aus. Ich kaufe Brot und gehe nach Hause.

1. Was machen Sie um 13 Uhr?

2. Um 13 Uhr koche ich Mittagessen.

1. Was machen Sie um 14 Uhr?

Um 14 Uhr spüle ich das Geschirr.

1. Was machen Sie um 15 Uhr?

2. Um 15 Uhr mache ich mit den Kindern Hausaufgaben.

1. Was machen Sie um 16 Uhr?

2. Um 16 Uhr trinke ich eine Tasse Kaffee.

1. Was machen Sie um 17 Uhr?

2. Um 17 Uhr telefoniere ich mit meiner Mutter.

1. Was machen Sie um 18 Uhr?

2. Um 18 Uhr mache ich das Abendessen.

Lesen Sie den Dialog. Ist das richtig oder falsch? Markieren Sie:

1. Um 8 Uhr bin ich im Deutschkurs.   r/f
2. Um 17 Uhr mache ich mit den Kindern Hausaufgaben.   r/f
3. Um 7 Uhr mache ich Pause.   r/f
4. Um 13 Uhr koche ich das Mittagessen.   r/f
5. Um 12 Uhr telefoniere ich mit meiner Mutter.   r/f
6. Um 16 Uhr trinke ich eine Tasse Kaffee.   r/f
7. Um 14 Uhr mache ich das Abendessen.   r/f
8. Um 10 Uhr stehe ich auf.   r/f

Was ist richtig für Sie persönlich? Schreiben Sie die Uhrzeit:

1. Um .... Uhr stehe ich auf.

2. Um .... Uhr bin ich im Deutschkurs.

3. Um .... Uhr mache ich Pause.

4. Um .... Uhr gehe ich nach Hause.

5. Um .... Uhr koche ich Mittagessen.

6. Um .... Uhr spüle ich das Geschirr.

7. Um .... mache ich das Abendessen.

8. Um .... Uhr gehe ich schlafen.

Was sind Sie von Beruf?

1. Was sind Sie von Beruf? 2. Ich arbeite in der Schule.

2. Ich bin Lehrerin von Beruf.

1. Was sind Sie von Beruf? 2. Ich arbeite für die Familie.

2. Ich bin Hausfrau.

1. Was sind Sie von Beruf? 2. Ich mache Kleidung.

2. Ich bin Schneiderin von Beruf.

1. Was sind Sie von Beruf? 2. Ich arbeite im Krankenhaus.

2. Ich bin Ärztin.

1. Was sind Sie von Beruf? 2. Ich schneide Haare.

2. Ich bin Frisörin von Beruf.

1. Was sind Sie von Beruf?   *2. Ich arbeite im Bus.*

....

2. Ich bin Busfahrer von Beruf.

....

1. Was sind Sie von Beruf?   *2. Ich bringe Getränke und Essen.*

....

2. Ich bin Kellner.

....

1. Was sind Sie von Beruf?   *2. Ich mache im Büro sauber.*

....

2. Ich bin Putzhilfe.

....

1. Was sind Sie von Beruf?   *2. Ich repariere Maschinen.*

....

2. Ich bin Mechaniker.

....

1. Was sind Sie von Beruf?   *2. Ich arbeite im Restaurant in der Küche.*

....

2. Ich bin Köchin.

....

1. Was sind Sie von Beruf?   *2. Ich arbeite im Kindergarten.*

....

2. Ich bin Erzieherin.

....

1.Was sind Sie von Beruf?   *2. Ich verkaufe Sachen im Geschäft.*

....

2. Ich bin Verkäuferin.

....

Ist das richtig oder falsch? Markieren Sie:

1. Der Busfahrer arbeitet zu Hause. r/f

2. Die Frisörin schneidet Haare. r/f

3. Die Lehrerin arbeitet im Krankenhaus. r/f

4. Die Ärztin macht Kleidung. r/f

5. Die Schneiderin macht Kleidung. r/f

6. Die Verkäuferin arbeitet im Restaurant. r/f

7. Die Köchin arbeitet im Restaurant. r/f

8. Der Kellner arbeitet im Kindergarten. r/f

9. Die Putzhilfe macht das Büro sauber. r/f

10. Die Köchin arbeitet im Kindergarten. r/f

11. Die Erzieherin arbeitet im Kindergarten. r/f

12. Die Verkäuferin arbeitet im Geschäft. r/f

13. Der Mechaniker kocht Suppe. r/f

14. Die Hausfrau repariert Autos. r/f

15. Der Mechaniker repariert Maschinen. r/f

16. Die Frisörin bringt Getränke und Essen. r/f

17. Der Mechaniker schneidet Haare. r/f

Ein Termin beim Arzt

....

1. Guten Tag. Praxis Doktor Schmitt.

....

2. Guten Tag. Mein Name ist Öztürk. Ich hätte gern einen Termin.

....

1. Am 5. Juli um 11 Uhr?

....

2. Tut mir leid. Das geht leider nicht. Da bin ich im Deutschkurs.

....

1. Ach, so. Dann vielleicht am Nachmittag um 15 Uhr?

....

2. Ja, das geht.

....

1. Also, dann bis 5. Juli 15 Uhr. Auf Wiederhören.

....

2. Auf Wiederhören.

....

Welcher Arzt passt?

....

1. Ich kann nicht gut sehen.

....

2. Ich mache einen Termin beim Augenarzt.

....

1. Meine Ohren tun weh.

....

2. Ich gehe zum Hals-Nasen-Ohren-arzt. (HNO)

....

1. Ich bin schwanger.

....

2. Ich mache einen Termin bei der Frauenärztin.

....

1. Ich habe einen Unfall. Mein Bein tut weh.

....

2. Ich rufe den Krankenwagen. (112)

....

1. Ich habe eine Erkältung mit Husten und Schnupfen.

....

   2. Ich gehe zu meinem Hausarzt.

Ist das richtig oder falsch? Markieren Sie:

1. Mein Arm tut weh. Ich gehe zum Zahnarzt.   r/f

2. Ich bekomme ein Baby. Ich gehe zum Frauenarzt.   r/f

3. Mein Zahn tut weh. Ich gehe zum Hausarzt.   r/f

4. Ich kann nicht gut sehen. Ich gehe zum Ohrenarzt.   r/f

5. Ich habe einen Unfall. Ich rufe den Krankenwagen.   r/f

6. Ich kann nicht gut hören. Ich gehe zum Ohrenarzt.   r/f

7. Ich brauche eine neue Brille. Ich gehe zum Augenarzt.   r/f

8. Mein Zahn tut weh. Ich gehe zum Zahnarzt.   r/f

9. Ich habe Grippe. Ich gehe zum Augenarzt.   r/f

10. Ich habe Grippe. Ich gehe zum Hausarzt.   r/f

11. Ich fühle mich nicht so gut. Ich gehe zum Hausarzt.   r/f

12. Mein Bein tut weh. Ich gehe zum Augenarzt.   r/f

13. Ich bin schwanger. Ich gehe zum Zahnarzt.   r/f

14. Mein Kind ist krank. Ich gehe zum Kinderarzt.   r/f

15. Ich habe Schnupfen. Ich rufe den Krankenwagen.   r/f

Monate und Jahreszeiten

....

   1. Wann beginnt der Frühling?   03

....

2. Im März.

....

1. Wann ist Weihnachten?   12

....

2. Im Dezember.

....

1. Wann ist Karneval?   02

....

2. Meistens im Februar.

....

1. Wann haben die Bäume bunte Blätter?   10

....

2. Im Oktober.

....

1. Wann haben viele Menschen Urlaub?   07

....

2. Im Juli.

....

Was passt?

1. Der Frühling beginnt im

a. August   b. März   c. Mai

2. Viele Menschen feiern Weihnachten im

a. Februar   b. September   c. Dezember

3. Es ist Karneval im

a. Februar   b. April   c. Oktober

4. Die Bäume haben bunte Blätter im

a. Januar   b. Oktober   c. Mai

5. Viele Menschen sind in Urlaub im

a. November   b. Januar   c. Juli

6. Das neue Jahr beginnt im

a. Januar   b. März   c. September

7. Ostern ist meistens im

a. Mai   b. Juni   c. April

8. Der Herbst beginnt im   a. September   b. November   c. Februa

Ist das richtig oder falsch? Markieren Sie:

1. Das neue Jahr beginnt im Februar. r/f

2. Ostern ist meistens im Dezember. r/f

3. Der Herbst beginnt im September. r/f

4. Der Sommer beginnt im Juni. r/f

5. Weihnachten ist im November. r/f

6. Im Juli haben viele Menschen Urlaub. r/f

7. Im Mai haben die Bäume bunte Blätter. r/f

8. Ostern ist meistens im April. r/f

9. Das neue Jahr beginnt im Januar. r/f

10. Karneval ist meistens im September. r/f

11. Der Frühling beginnt im März. r/f

12. Der Winter beginnt im Dezember. r/f

13. Im Oktober haben die Bäume bunte Blätter. r/f

14. Karneval ist meistens im Februar. r/f

15. Viele Menschen feiern im Dezember Weihnachten. r/f

Zahlen bis 50

1. Wann ist der Termin? 19

2. Der Termin ist um neunzehn Uhr.

1. Wie viele Kinder hat Mustafa? 7

2. Mustafa hat sieben Kinder.

1. Wie viele Monate hat das Jahr? 12

2. Das Jahr hat zwölf Monate.

1. Wie viele Gabeln sind auf dem Tisch? 10

2. Auf dem Tisch sind zehn Gabeln.

1. Wie viele Seiten hat das Buch? 50

2. Das Buch hat fünfzig Seiten.

1. Wo fährt der Zug? 3

....

2. Der Zug fährt auf Gleis drei.

....

1. Wie viele Stockwerke hat das Haus? 4

....

2. Das Haus hat vier Stockwerke.

....

1. Wie viele Zimmer hat das Haus? 5

....

2. Die Wohnung hat fünf Zimmer.

....

1. Wie viele Rosen sind in der Vase? 15

....

2. In der Vase sind fünfzehn rote Rosen.

....

1. Wie viele Hühner hat Fatime? 20

....

2. Fatime hat zwanzig Hühner.

....

1. Wieviel Geld ist in der Tasche? 35

....

2. In der Tasche sind fünfunddreißig Euro.

....

1. Wann kommt Tante Sara? 9

....

2. Tante Sara kommt um neun Uhr.

....

1. Wann beginnt der Unterricht? 8

....

2. Der Unterricht beginnt um acht.

....

1. Wie viele Teller haben wir? 24

....

2. Wir haben vierundzwanzig Teller.

....

1. Wie viele Fotos macht Maria? 14

....

2. Maria macht vierzehn Fotos.

....

Große Zahlen

1. Was kostet der Fernseher? — 690

2. Der Fernseher kostet sechshundertneunzig Euro.

1. Wie viele Quadratmeter hat die Wohnung? — 136

2. Die Wohnung hat hundertsechsunddreißig Quadratmeter.

1. Wie viele Tage hat das Jahr? — 365

2. Das Jahr hat dreihundertfünfundsechzig Tage.

1. Was kostet die Miete? — 420

2. Die Miete kostet vierhundertzwanzig Euro.

1. Wieviel verdient Kai? 2480

....

2. Kai verdient zweitausendvierhundertachtzig Euro im Monat.

....

1. Wie viele Gäste kommen zur Hochzeit? 360

....

2. Zur Hochzeit kommen dreihundertsechzig Gäste.

....

1. Wie viele Fische schwimmen im See? 228

....

2. Im See schwimmen zweihundertachtundzwanzig Fische.

....

1. Was kostet der Computer? 1290

....

2. Der Computer kostet 1290 Euro.

....

1. Wie viele Kilometer fahren wir? 920

....

2. Wir fahren neunhundertzwanzig Kilometer.

....

Verkehrsmittel

1. Wie kommst du jeden Tag zur Schule?

2. Ich komme zu Fuß zur Schule.

1. Wie bist du heute zur Schule gekommen?

2. Ich bin mit dem Fahrrad gefahren.

1. Wie fährst du zur Schule?

2. Ich fahre mit dem Auto zur Schule.

1. Wie bist du heute zur Schule gefahren?

2. Ich bin mit dem Zug gefahren.

1. Wie kommst du zur Schule?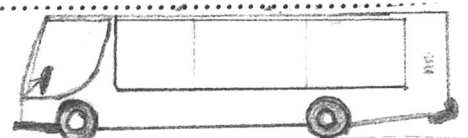

2. Ich komme mit dem Bus zur Schule.

1. Wie kommst du immer zur Schule?

2. Ich komme immer mit der Straßenbahn zur Schule.

Ist das richtig oder falsch? Wie ist Ihre Meinung? Markieren Sie:

1. Die Straßenbahn fährt in jeder Stadt. r/f

2. Zu Fuß bin ich schneller als mit dem Fahrrad. r/f

3. Jeder Mensch kann Auto fahren. r/f

4. Der Zug fährt an der Bushaltestelle. r/f

5. Das Fahrrad hat einen Motor. r/f

6. Das Auto hat einen Motor. r/f

7. Man kann mit dem Auto von Deutschland bis in die Türkei fahren. r/f

8. Man kann mit dem Auto von Deutschland bis nach Kanada fahren. r/f

9. Jeder Ort hat einen Bahnhof. r/f

10. Das Flugzeug fliegt am Flughafen ab. r/f

11. Ich kaufe ein Ticket für den Zug am Automaten. r/f

12. Kinder dürfen Auto fahren. r/f

Fragewörter

....
.

Wer ist das?   Das ist Frau Akyol.

....

Wer kann gut malen?   Fatime kann gut malen.

....

Wer will Döner essen?   Alle wollen Döner essen.

....

Wo wohnen Sie?   Ich wohne in Alzey.

....

Wo ist Emine?   Emine ist im Bus.

....

Wo sind die Kinder?   Die Kinder sind im Kinderzimmer.

....

Wie heißen Sie?   Ich heiße Lisa Maier.

....

Wie ist Ihr Vorname?   Mein Vorname ist Lisa.

....

Wann ist der Termin?   Der Termin ist um vier Uhr.

....

Wann kommt Ali?	Ali kommt morgen.
Wann ist die Pause?	Die Pause ist um zehn.
Was ist das?	Das ist ein Heft.
Was willst du trinken?	Ich will Saft trinken.
Was ist los mit Gisela?	Gisela hat die Brille vergessen.
Warum ist es kalt?	Es ist Winter.
Warum kommst du zu spät?	Mein Kind ist krank.
Warum ist es dunkel?	Die Lampe ist kaputt.
Welche Farbe ist das?	Das ist Rot.
Wie viel kostet ein Kilo Bananen?	Ein Kilo Bananen kostet 1, 59 €.
Wie viel Geld hast du?	Ich habe 20 €.

Wie viele Kinder hat Sara?	*Sara hat drei Kinder.*
Wann ist der Termin?	*Der Termin ist um zehn.*
Wie viele Kinder hat Sabine?	*Sie hat vier Kinder.*
Wo wohnen Sie?	*Ich wohne in Obrigheim.*
Wer kann gut singen?	*Ali kann gut singen.*
Wie ist Ihr Name?	*Mein Name ist Anna Klein.*
Warum ist Petra nicht da?	*Sie ist krank.*
Wo ist das Messer?	*Das Messer ist im Regal.*
Wer ist das?	*Das ist mein Sohn Tim.*
Wann kommt Oma?	*Sie kommt um vier Uhr.*

Anmerkungen für Lehrende

Zur Neuauflage: *Alle Texte und fast alle Aufgaben sind gleich geblieben, damit Personen mit älteren Bücher mit anderen Personen mit neuen Büchern zusammenarbeiten können. Einige Aufgaben sind verkürzt worden.*

Was hat sich verändert?
- *Die Schrift: Das a ist offen (nicht a), was für Leseanfänger günstiger ist.*
- *Die Arbeitsanweisungen sind neu gestaltet.*
- *Die Zeichnungen von Daniel Neika bereichern die Bildaufgaben.*

Zielgruppe: *Erwachsene Lese- und Schreibanfänger, zum Beispiel in Integrationskursen oder anderen Deutschkursen.*

Inhalte: *Die Geschichten sind möglichst nah an der Erfahrungswelt der Tn angesiedelt, bereiten aber auf Themen in der Stufe A1 des Europäischen Referenzrahmens vor.*

Dialoge: *Leseanfänger haben Freude daran, die Dialoge mit verteilten Rollen zu lesen.*

Anschließend kann man die kopierten Dialoge dann auseinanderschneiden und wieder passend zuordnen. Als dritter Schritt kommt bei einigen Themen das Abwandeln dazu. Schwächere TN können dann die Wörter aus den Dialogen eintragen, Fortgeschrittene können eigene Informationen einbringen.

*Einige Dialoge arbeiten mit **Zeichnungen**. Die Bilder in der Frage bestimmen die Antwort. Wortschatz wird geübt und gefestigt.*

Als letzte Übungsphase, nach ausreichendem Lesen und Zuordnen, kann ein Partner die Fragen lesen und der andere die Antworten frei sagen.

Binnendifferenzierung *ist möglich durch die Anzahl der Streifen, die gemischt werden. Auch durch vorheriges wiederholtes Lesen können Schwächere sich auf die Übung vorbereiten.*

Für fortgeschrittene Teilnehmer eignen sich die Dialogstreifen auch als

Umdrehdiktat. *Satz für Satz wird gelesen, umgedreht, geschrieben und dann selbst kontrolliert.*

Allen Lehrenden und Lernenden wünsche ich viel Freude und Erfolg.

Gisela Darrah